HEART
心|視野

HEART
心|視野

HEART
心|視野

HEART
心|視野

# 達賴喇嘛：這些事，你應該生氣

Be Angry

第十四世達賴喇嘛 His Holiness the Dalai Lama
上田紀行 著 Noriyuki Ueda
張家綺 譯

# 目錄

推薦序

# 生氣的智慧

——蘇益賢，臨床心理師

親愛的讀者，你知道嗎？

生氣從來都不會誤事，真正會誤事的是不會生氣。

在這裡，「不會生氣」有兩個意思。

其一是，「不允許自己生氣」；

其二是，「不懂得如何好好生氣」。

儘管這兩種歷程不太一樣，

卻往往導致類似的結果——適得其反，
不是弄得自己更生氣，
就是換來更多別人的欺負與踩線。

社會哲學家湯瑪斯．摩爾（Thomas Moore）曾說：
「你要理解你的憤怒，最終才能觸及它的核心。
它有某種深奧的內涵，幫助你讓生活變得有意義。
如果你確切知道什麼讓你生氣、你在和誰生氣，
你就能清楚自己的立場與事情的重點，
以及該如何在情感上加以處理。」

作為一種「動力」，

憤怒其實是我們人生在世很重要的「燃料」。
俗話說，事出必有因，
每一個憤怒背後，多半都是出於一種「保護」的本能。

但到底是在保護些什麼，多半是當代人未曾深思過的。
是保護所愛的人、自己珍愛的東西，
還是為了保護自己的界線、又或者是自己的自尊？
探究這些藏於憤怒底層的「因」，
往往才是解決憤怒這個「果」最有效的方法。

不過，我們所處的環境多半鼓勵大家不要生氣。
「生氣會誤事」、「生氣會傷身」、「生氣會讓場面很尷尬」……

我們有諸多類似的勸世短文來告誡彼此，
不要輕易展現怒氣，卻很少引導我們去思考另一種可能性：
能否好好生一場漂亮的氣，
如哲學家亞里斯多德所說的，
在適當的時間，用適當的方式，對適當的對象，
因為適當的理由，生一場適當的氣。

我常和個案說，生氣本身是沒有錯的。
不過，我們之所以這麼害怕生氣，
是因為我們「只」知道幾種生氣的方法。
像是：甩門、破口大罵、丟東西、冷戰不語……
這些生氣的方法時常不管用，

還讓雙方都很不舒服，
我們因此默默地認定生氣就是件壞事。

回到諮商現場，我們和個案腦力激盪，
一起找出多種生氣的方法，然後實地演練，
像是在訓練演員一般，培養出更多好好生氣的能力。
於是，他們在往後可以即便氣得咬牙切齒，
但仍記得好好呼吸，慢慢地用「我語言」說出真心話，
不那麼怕受傷，才能讓事情有機會轉變。

每次憤怒，都是機會，
引導我們練習找出更多方法來靠近自己、認識對方。

或許，這才是老天爺贈與我們憤怒的原因。願本書讀者都能在達賴喇嘛溫柔地引導下，找到更多好好生氣的勇氣與智慧。

■本文作者

蘇益賢，臨床心理師，任職於初色心理治療所。專長為員工協助、壓力與情緒議題。除個別諮商工作外，亦常獲邀至公部門、各大企業與校園，講授心理相關議題，每年演講邀約上百場。經營有臉書專頁「心理師想跟你說」。

關於本書

# 生氣是人類不可避免的本質

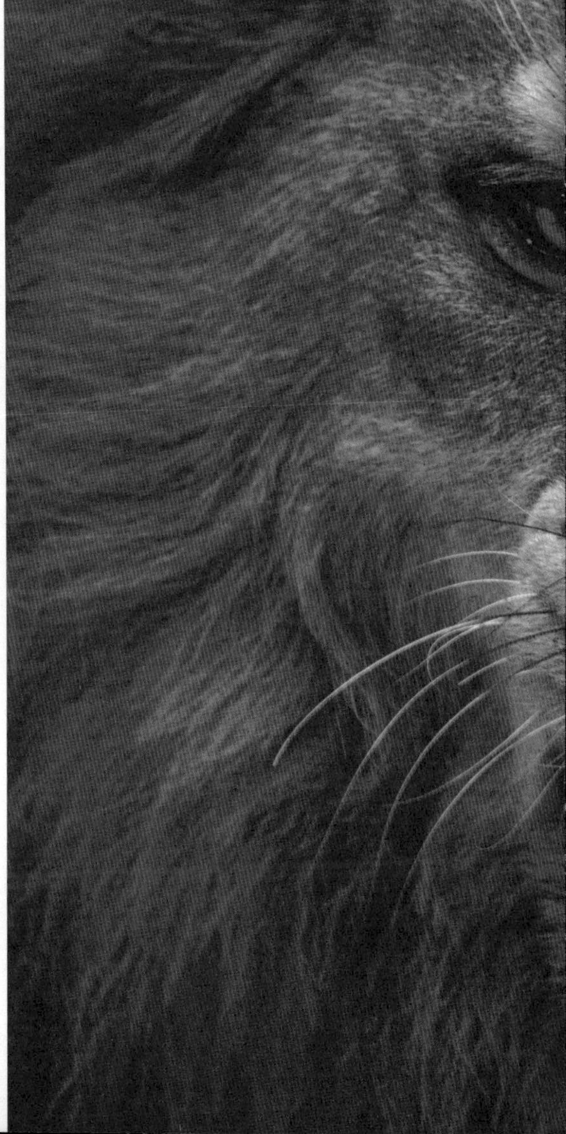

「憤怒」和「達賴喇嘛」出現在同一個句子裡，
是很難想像的組合，更別說是在同一本書裡，
畢竟達賴喇嘛畢生傳授的無非是培養愛心與慈悲胸懷。
先不說達賴喇嘛要我們少動怒，
他從來不否認生氣是人類不可避免的本質。

根據達賴喇嘛的觀察：
「一般來說，要是一個人從來不生氣，
他肯定有問題，一定是哪裡不對勁。」
要是對怒氣置之不理、予以壓抑，憤怒會從裡到外壓垮我們。
但也有一種憤怒叫作慈悲，這絕非為了自我，
而是為了他人權益抱不平的憤怒。

現代世界有太多值得生氣的事：
不公不義、社經地位不平等、種族歧視、無知。
而在這裡，這本書要告訴你：
「生氣吧。」
一旦我們承認憤怒，控制憤怒、
展現憤怒、善用憤怒，
就能化憤怒為慈悲的行動。
這麼一來，我們就能為這世界
帶來愛、和平、療癒。

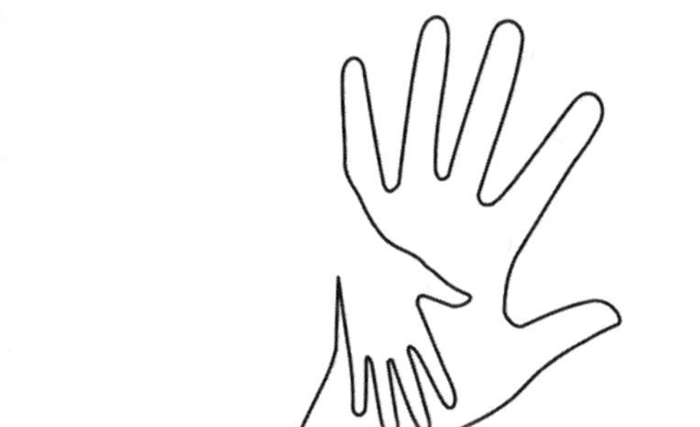

這本書彙整了上田紀行與達賴喇嘛的訪談。
上田紀行，知名日本作家、講師和文化人類學者，
身為史丹佛大學佛學研究中心的客座研究員，
他曾教授二十堂的當代佛教系列課程，
課堂上學生問他：「佛教能為當代問題提出解答嗎？」
他和達賴喇嘛的這段訪談能為這個問題帶來深刻見解。

一旦我們承認憤怒，
控制憤怒、
展現憤怒、善用憤怒，
就能化憤怒為慈悲的行動。

作者序

# 這些事，你該好好生氣

真實世界裡存在著剝削，存在著不公平且懸殊的貧富差距。
這個問題是從佛教觀點為出發，
我們該如何面對不公平與社會不公義？
這種情況下，忿忿不平和生氣不是很不佛教徒的行為嗎？
這問題很有趣，我們先從世俗觀點探討這個問題：教育。
關於憤怒這件事，我們是怎麼教育下一代的？
我常說，我們應該更認真探討和研究，
我們所謂的現代教育制度是否真足以培養出更健全的社會。
我認識好幾位美國科學家，他們非常關心社會議題。
這幾年來，我們曾多次討論慈悲的價值，

其中幾位科學家甚至
對大學生展開實驗。
科學家要大學生用長達
兩、三週的時間練習專心、
靜坐冥想（正念認知）。
進行兩、三週冥想後，科學家
檢查受測對象的心理變化，
發現這段冥想練習結束後，
學生心靈較為平靜，
心緒變得更敏銳，壓力降低，
記憶力增加。

加拿大英屬哥倫比亞大學*開設一個新學院，
研究怎麼利用現代教育制度，
培養學生的慈愛之心。
至少四、五間美國大學承認
現代教育欠缺這方面的培養。
最後總算有人開始研究這個問題，
並提出改善教育制度的方法。
除非出現遍及全球的運動，改善教育
並讓大家更關注道德問題，
否則這條路將十分漫長艱辛。

當然，俄羅斯和中國也存在同樣危機，印度也是。

印度可能稍微好一點，
畢竟印度仍秉持心靈的傳統價值，
即便他們面對這問題的出發點也許不是邏輯或理性思考。
日本是現代化國家，已經過於西化，
所以日本也存在西方社會的問題。
採納現代教育制度後，
傳統價值和家庭價值開始分崩離析。
在西方，教會本身與教會對家庭的支持力量已經式微，
社會蒙受其害。

*The University of British Columbia

日本也一樣，宗教機構的影響力已經消逝，而家庭價值也很難得以保存。

現在我們就來探討宗教人士在解決社會問題上扮演的角色吧。所有宗教機構都抱持相同的基本價值：慈悲、愛、寬恕、包容，只是表達和培養這些價值的方式不盡相同；而信神的宗教做法也異於佛教等不信神的宗教。

現任教宗是一個思想層次複雜的神學家，雖然他是宗教領袖，卻強調信仰必須與理性共存。單有信仰的宗教最後可能演變成無憑無據的盲目信仰，理性卻能賦予信仰根基，讓信仰紮根於日常生活。

打從佛教的濫觴，信仰和理性一直都得並肩而行。

佛教的起源
是一種具有邏輯的開悟，
那就是所有禍福
都源於特定起因。

沒了理性，就只是佛陀不承認的盲目信仰。
我們的信仰必須根據佛陀的教導。
佛陀最早傳授四諦，四諦也是佛教教義的基礎。
根據四諦，主宰萬物的是因果法則。
佛陀不接受有一個真神是萬物造物主的說法。
佛教起源是一種具有邏輯的開悟，
那就是所有禍福都源於特定起因。
所以包括日本佛教在內，打從一開始佛教就是理性的宗教，
尤其是梵語傳統的佛教學派，
也就是自古印度偉大的那爛陀大學*
傳統承襲下來的佛教。

根據那爛陀傳統，萬事的理解都需以理性為根基。跟現代人的做法一樣，我們必須先存疑，懷疑一切事物。存疑會產生問題，有了問題人就會探尋答案，探尋和實驗則會帶來解答。

佛教徒不是因為佛陀闡述道理，就盲目地相信佛陀教義。我們帶著狐疑心態接觸他的道理，然後探尋道理是否為真。一旦確定是千真萬確，就能安然接受。所以佛教道理不是無憑無據的信仰，而是有理性的根基。日本佛教與這種理性基礎背道而馳，

*Nalanda University

跟現代人的做法一樣，
我們必須先存疑，
懷疑一切事物。
存疑會產生問題，
有了問題人就會探尋答案，
探尋和實驗則會帶來解答。

好比禪宗的目標是要超越口語上的邏輯。
念佛信仰（淨土宗）的目標，
則是將自我完全交託給阿彌佛陀來解救。

由於日本佛教徒強調超越邏輯，捨棄我執，
他們通常會說邏輯敘述並不是佛教，
並認為以邏輯思考的人對佛教的開悟很低淺，
或者尚未完全放棄我執。
當這群佛教徒說：
「不要被邏輯弄得暈頭轉向，只要有信仰就好，」
這就讓僧侶有了理由，可以不再從理性出發，
追尋個人的覺悟。

佛教起於我們自身的問題，
而佛教核心正是這些問題的探尋。
佛教徒經常以為要是你提出質疑，
別人會說你的信仰不完整，或是你的道行還很淺。
導致許多僧侶放棄自我思考，拋開我執，
完完全全相信宗派創始人的教導，不再有一絲存疑。

# 作者序

佛教起於我們自身的問題，
而佛教核心
正是這些問題的探尋。

雖然乍看像是深刻的信仰領悟，
但這種行為卻可能具有我們所謂的盲目信仰的成分。
不僅如此，盲目信仰最後會導致年輕人
不再繼續為了自我而追尋探索。

正因為現代年輕人質疑傳統教導，
正因為他們提出嚴肅的問題，
並且尋求深入探索，
所以傳統佛教能夠賦予他們智慧。
如果打從一開始就對這些問題視而不見，
那麼他們就失去了深入探究佛教道理的機會，
而佛教也永遠無法與現代接軌。

只辦儀式法會，
無法解決真正的問題

在日本寺廟和許多西藏佛學院，
僧侶即使對儀式的意義一無所知，
照樣會舉行儀式，也不想研讀佛教教義。
儀式只是一種賺錢術，他們根本不在乎涅槃或來世，
只想著這一生能怎麼賺錢。
人們只要供奉香油錢，僧侶就心滿意足。
中國和世界各地許多基督教會也可見雷同狀況。

要是佛教只停留在
舉行法會儀式的層面，
就永遠無法解決
今日的社會問題。

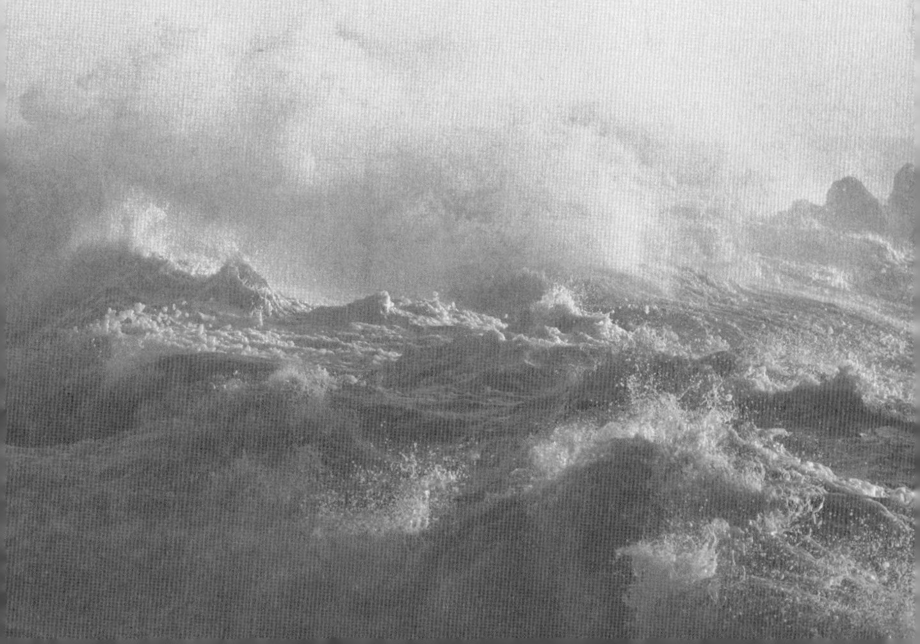

西藏某些寺院裡，
不禪修的僧侶只會一直舉行儀式，
卻不懂佛經的核心意義。
這就是為何我流亡至印度後，
就不斷強調我們必須讀佛經的用意。
無論是西藏人、中國人或日本人，
都應該成為活在二十一世紀的佛教徒。
若我們皈依宗教，
就必須認識宗教的教義。
然後必須認真看待個人信仰和修行，
否則宗教就只是盲從跟風。

我在一九六〇年代初訪日本後，
保有的印象就是僧侶
時常舉行儀式法會，
卻不認真研究佛教教義，
真正熟稔佛經的都是大學教授和學者。
無論是不是佛教徒，
他們對佛經的認識都遠遠超越僧侶。
幸好西藏僧侶之中有真正的學者，
經過三十年佛學研究洗禮後，
他們擁有深廣的佛學知識。

至於盲目信仰的人，
就只會在某人過世後去寺廟，請僧侶誦經。
但要是佛教只停留在舉行法會儀式的層面，
就永遠無法解決今日的社會問題。

# 只辦儀式法會，無法解決真正的問題

信仰宗教，
不是要你變冷漠

透過教育，將人類價值推廣為日常生活的根基，
是最重要的一件事。
但我覺得還有一件要緊事，
那就是不把佛教當成一門宗教，
而是一種「心智科學」。

如此一來，佛教就更有推廣人類基本價值的強大潛能。
把佛教知識當作心智科學，
我們就能改進世俗的教育，
協助學生發展出人類與生俱來的愛心與善心。

佛教徒親眼看見
貧窮與不公不義時，
不應該冷漠以對。

西方科學家現在已開始運用佛教技巧，
他們並不是把佛教當成宗教看待，
而是當作科學技巧，例如：冥想和心靈分析。

傳統佛教分成兩大派，
也就是所謂的小乘佛教與大乘佛教。
小乘佛教的教義是要我們切勿殺生，
大乘佛教則不僅強調莫殺生，還要助人。
因此當佛教徒親眼看見貧窮與不公不義時，
不應該漠然以待。

憤怒帶來更多能量，
更強烈的決心，
更能有力矯正不公不義。

在拉丁美洲的天主教會，
有些領袖非常關心社會不公的議題，
因此從這角度來看，他們屬於左派分子。
當宗教人士太投入社會運動，宗教使命就政治化了。
那麼斯里蘭卡呢？日本呢？
我聽說某些韓國僧侶也熱衷參與政治。
雖然對來龍去脈不大清楚，
但我確實聽說有這回事。
我想，解放神學的爭議目前尚在持續發燒，
也就是拉丁美洲教會主要為了社會弱勢發聲的政治活動。
無論如何，這都是我們不可視而不見的心力。
斯里蘭卡的某些僧侶也積極參與政治，

但在許多僧伽羅教派和少數印度泰米爾教派間持續進行的內戰，
政治動作可能導致佛教與僧伽羅民族主義劃上等號，
所以是個難解的問題處境。

無論如何，很多人批評小乘佛教只重視「小我」，
把度己當作目標，專注於個人利益；
大乘佛教的發展則強調利他，度己之外亦度人，
因此大乘佛教的本質是以社會為出發。

# 慈悲的憤怒，
# 是良性的力量

面對經濟或其他不公不義時，
信徒漠然以待絕對屬於不正當的行為，
應該致力於解決問題。
但我們要如何面對憤怒。
憤怒分成兩種不同類型，
一種是發自慈悲的憤怒，
這種憤怒具有用途，本著慈悲為懷之心，
抑或希望矯正社會的不公不義，卻不刻意傷害他人，
這是一種值得擁有的良性憤怒。
例如：一個好家長關懷孩子的行為舉止時，
可能會厲聲喝斥，甚至體罰孩子，
也許他會發脾氣，卻沒有傷害對方的意思。

深層動機是慈悲，
憤怒則是一種
達成目的的手段。

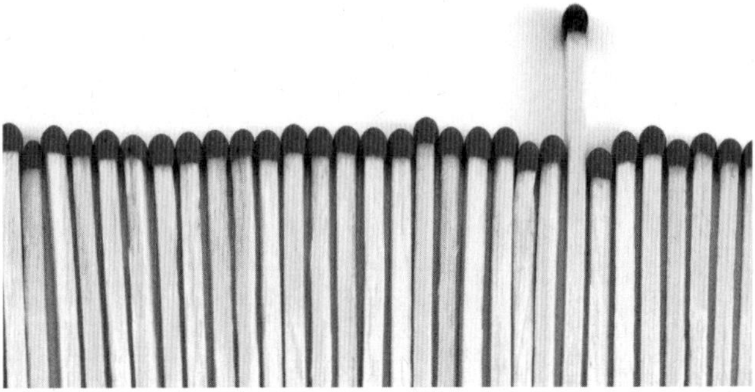

日本寺廟常常供奉
顯現怒相的不動明王佛像。
但不動明王的怒相
並不是起於憎恨或傷害有情眾生，
而是一顆關懷眾生的心，
希望導正他們的錯誤，
就像一位家長想要糾正行為失序的孩子。
憤怒帶來更多能量、更強烈的決心，
更能有力地矯正不公不義。
這種憤怒的深層動機來自慈悲，
憤怒則是一種達成目的的手段。
將憤怒當作驅動力時，

我們是否該將憤怒化為另一種狀態？
一種良性力量？或應該保持憤怒的原貌？
問題的解答取決於一個人的心理狀態，
也就是憤怒的動機。
感到憤怒時，我們的憤怒起於已存在內心的起因。
如果憤怒的內在動機是對某人的恨意，
那包藏恨意的憤怒會帶來毀滅性行動，
這就是惡性憤怒。
但要是我們是為了他人著想，
是基於愛心與憐憫而生氣，
那這股怒氣就是出於為對方著想的好意。

佛教起於我們自身的問題，
而佛教核心
正是這些問題的探尋。

所以說家長是因為關懷子女才生氣。
假設孩子玩有害的物品，放進嘴裡會很危險，
所以在緊急情況下，
家長可能會對孩子大聲咆哮或打手心，
但這是因為他關心孩子，
希望他別再做出危險的事，
只要孩子停止玩有害的物品，家長就不會生氣。
這是因為他的憤怒是對事不對人，
是因為孩子的行為可能傷害到自己。

包藏恨意的憤怒
會帶來毀滅性行動；
慈悲為懷的憤怒
則會帶來正面改變。

遇到這種狀況，
採取必然手段制止對方行為是正確的，
無論是透過生氣、咆哮或體罰。

相反地，要是憤怒是對人不對事，
是出於對某人不愉快的感受，
那這種感受就很難煙消雲散。

要是有人想傷害你，或你覺得自己受到傷害，
就會對某人存有負面觀感，
即使對方已不這麼對待你，你還是會有不舒服的感受。
但以家長斥責孩子的情況來看，

孩子一旦不再犯錯，
家長就不再生氣。
因此這兩種憤怒南轅北轍。

現在回到主題，
對於社會不公義的憤怒呢？
是否會延續一段時間，
直到社會不公義的現象消失為止？
除非目標達成，
否則對社會不公義的憤怒會一直都在。
這股正義的憤怒勢必保持下去；
這個情況下，

我們應持續醞釀忿忿不平的情緒。

這是為了社會不公義、
努力矯正問題的憤怒，
因此應維持直到目標達成為止。

為了制止社會不公義
以及不正當的毀滅性行動，
憤怒是必須的。

面對中國抱持的負面或嚴厲態度就是一例，
譬如侵犯人權及虐待等惡劣行徑，
只要這些行為尚未停止，憤怒就要持續下去。
只要不公不義尚在，忿忿不平就不會消失。

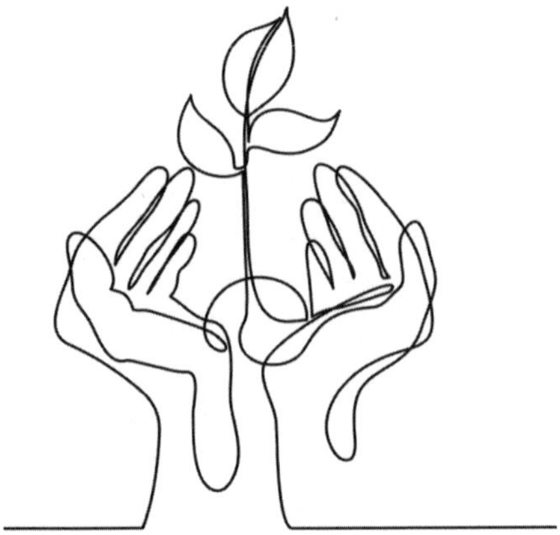

除非目標達成，
否則對社會不公義的憤怒
會一直都在。
這種義憤勢必保持下去，
我們應持續醞釀
忿忿不平的情緒。

# 執念有好壞之分

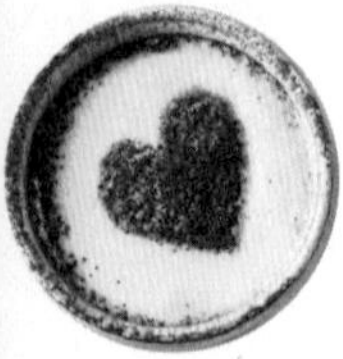

我認識不少日本僧侶，
他們都在義憤填膺或憤怒的驅使下，
參與形形色色的社會運動，
其他僧侶卻常告訴他們，
他們的道行還很低淺，佛教覺悟能力很低。
日本佛教的基本教義是，
無論是否發自慈悲之心，都應該壓抑怒氣。

即便面對社會不公義，
即便正在發生令人髮指的事，
佛教徒都不該生氣，
因為生氣是違背佛教教義的行為。
與此同時，許多僧侶卻為芝麻綠豆的小事發脾氣。

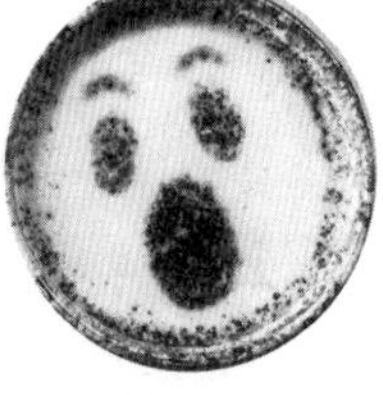

人們往往
錯把出離當作漠然。

我想，應該要從心智角度切入，來探討對憤怒的認識。

我曾向一位瑞士富婆講道，她問起執著的意思。

佛教教導世人要放下執念，

但人們往往錯把出離當作漠然。

這位富婆以為放下執念是指連好的執念都要捨棄。

例如，她問我追尋心靈的證悟是否也算是對證悟的執著，

我們是否應該捨棄這種執念？

但其實我們不該捨棄，而是應該保有追求證悟的心態。

正念追求的執著值得我們堅持下去。

這富婆還說，少了執著，
她就無法全心全意做到利他無私，
但這也是一種錯誤觀點。
我跟她說，菩薩有很多執著。
我們應該拋開的執著是自性妄執，
不屬於自性妄執的欲念是有價值的執著，
並不應該捨棄。

我們應該拋開的執著
是自性妄執……

佛教裡，斷離執念的意思是斷捨謬誤的欲念，
我們仍需具有價值的正向欲念，
這種慾念就不應該拋棄。
追求證悟的心意及其他具有價值的正向欲念，
並非佛教認為必須放下的欲念。

為了領悟目標偉大的正念，
例如：證悟，我們就得放下個人渺小的執念。
這個觀念可能很難理解，
畢竟「執著」兩個字同時代表兩種欲念。

但是追尋正向的心，例如悟道，
就是值得保有的心態，
自性妄執則應該擯棄。
理論上，憤怒確實不是好事，
我們也確實必須排除所有執著，
但當我們面對社會不公義，
思考該如何導正問題時，
並非所有憤怒都不好，我們不該排斥所有執著。

理論上憤怒是不好的，必須斷離執著，
但實際上，我們不能完全否定執著，
反而應該有明辨理論和實際行為的能力。
認識並瞭解好與不好的執著，
確實有助我們辨別差異。
執著這個問題難倒了不少人。

不屬於自性妄執的欲念
是有價值的執著，
不應該捨棄。

日本佛教裡，
有一小群影響力深遠的禪宗與真言宗師父及僧侶，
自稱已經悟道、出離俗物，
所以即使擁有數部名貴進口車、戴勞力士手錶、
與藝伎夜夜笙歌、揮金如土，
樣樣都不成問題，畢竟他們已經「出離」了。
一般人都會認為這種言行不一很奇怪。
僧侶利用佛教的不執著邏輯，
合理化自己的荒唐行徑。

理論上憤怒確實不是好事，
我們確實必須排除
所有執著。
但我們反而應該有
明辨理論和實際行為的能力。

光是這幾位僧侶的行為就足以
讓許多日本人遠離佛教信仰，
覺得信佛只是浪費時間。

不執著不代表要變得漠然，
不好的執著是應該捨離，
但我們力求度己的同時，應該堅持好的執著。

根據西藏卓千密宗的教義，
在佛教修行時，
我們必須正確明瞭什麼該做，什麼不該做。

這些自稱不再執著眷戀的僧侶，
其實仍沉浸於世俗享樂之中。
雖然他們應該領悟了，
行為卻受到誤導，完全背道而馳。
我們的行動必須反映出內心的領悟，
雖然他們自稱已經悟道，
行為舉止卻顯示他們的領悟是錯的。
佛教戒律在佛教裡扮演著關鍵角色，
亦提供諸多實際意見。

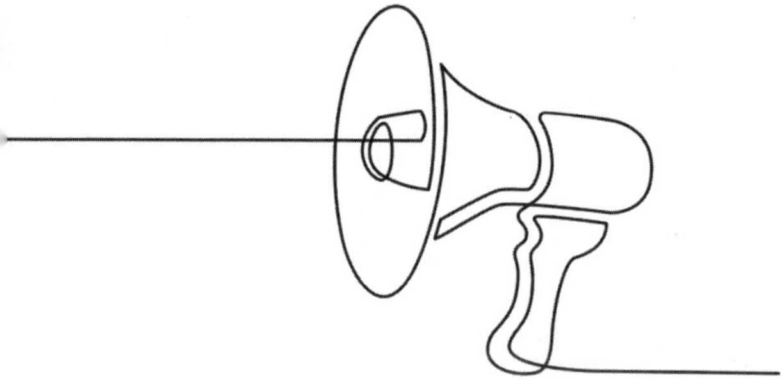

由於在人們眼底，
性靈的地位太崇高，
導致過分強調悟道，
我們往往淡然漠視
日常行為舉止。

比起日常生活的外在行為，
禪宗和其他「深奧」的學派更重視心靈上的領悟，
他們認為外在行為微不足道，
畢竟這些行為都只是一個存在的表象。

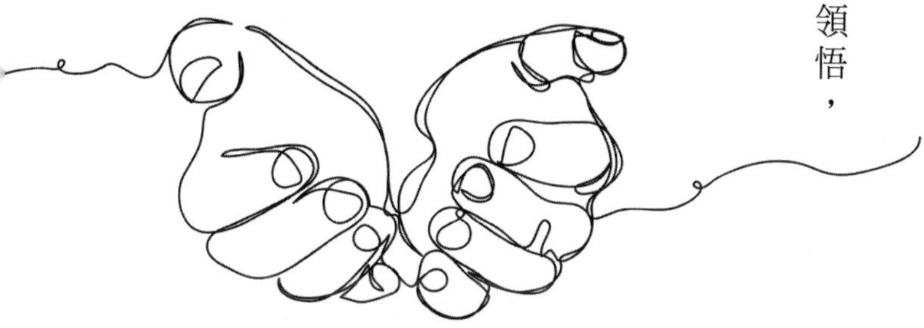

知而不行，

擁有知識也是枉然

西藏寺院的僧侶有個傾向，
他們鑽研佛經的字裡行間，卻不透過修行靜心；
他們徒有知識，卻不懂實踐。

自古以來，寺院僧侶就會研讀佛經，
同時也研習道次第*（或稱「菩提道次第廣論」，
作者是西藏偉大的僧侶佛學家宗喀巴，
生卒年為西元一三五七至一四一九年）
後者的重點是定心度化。
但近年來僧侶將重點放在佛經，
已經不太鑽研道次第。
視授課師父而定，但要是師父夠優秀，

就不會只教佛經，
亦會傳授定心及自我修行的方法。

要是師父只傳授知識，
那麼無論弟子是否通曉佛經，
依舊可能會傲慢妒忌無知，亦無法靜心定性。
這就是一個人知而不行的跡象。

*佛教書籍的類稱

佛陀曾明確地說，
要是一個人空有知識卻心不定，
擁有知識也是枉然。
宗喀巴創作的伽陀（四行詩）如此描述：
「即使一人學識豐富，心性不定，就是知而不行。」

向師父學習時，不應只有大腦接受知識，
也要內化定心。
西藏寺院的僧侶不只學習誦經，也學習道次第，
因此他們內化經文，正面導向自我心靈。

知而不行，擁有知識也是枉然

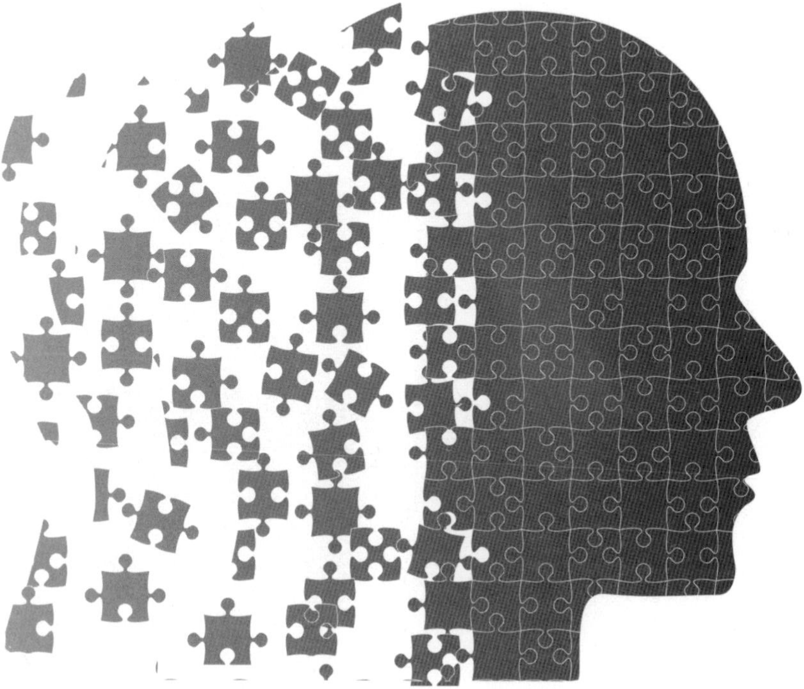

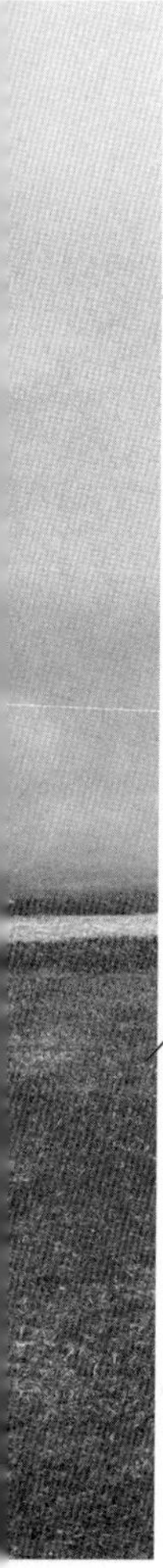

# 現代化與信仰的兩難

從古至今，傳統佛教知識都是由師父傳授給弟子。
師父仔細留意弟子在每個學習和靈性成長階段的發展，
因應不同階段來傳授適合弟子的知識與修行。
自古以來，佛教教育就是用這麼靈活地方式，
由師父傳給弟子。

在日本，有人說佛教知識不應在大學等正式場合傳授，
要是在師徒制外的場合授課，
可能導致嚴重曲解。
有些西藏寺院也變得類似大學，
其中一些寺院名稱甚至是「某某大學」。

當然跟其他大學院校一樣，
這些佛學學程也開立個別課程，
但這類學院和一般大學的差別在於，
他們的教學會強調弟子必須藉由
研習道次第度化自我，
亦清楚教導弟子應培養哪些行為，哪些則該抑制。
所以說，即使這些學院可能自稱大學，
教育手法卻天南地北。

然而，流亡印度的西藏人會接受一般的教育制度，
在完成世俗教育後，
越來越少年輕人會選擇進入寺院。
而從西藏直接來到印度、
不清楚這些狀況的年輕人則可能仍會進入寺院。

最近，很多人移民到美國和其他西方國家，
因此進入寺院修習佛學的僧侶數量縮減。
這其中藏著一種危機，
從一般現代教育制度下的學校畢業後，
他們對宗教的興致可能不大。

要是西藏成為現代化的社會，會發生什麼事？
當然是越來越少人會進去寺院。
若西藏人採納現代教育制度，
西藏人的維生之計就會出現變化，
接著寺院可能變成單純的學術機構，
對整體西藏社會將構成極大威脅。

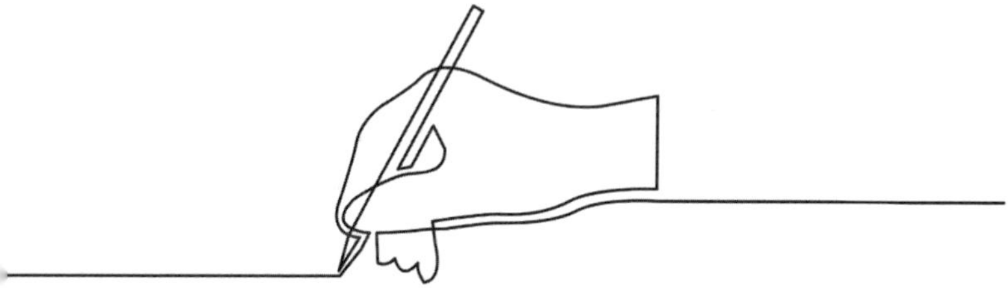

那我們要怎麼做？
我們應該把心力放在學校的佛學課程，
要是能想出全新方針，
在校內結合現代教育制度和佛學，
學生畢業時就一樣能學到佛學知識，
並對佛教產生興趣，
其中一些人可能會決定進入寺院，修心轉念。
為達此目的，我們得創辦佛教大學和學院，
好讓普通的年輕教徒習佛，而且男女皆收。
要是所有人都要進寺院，成為僧侶與尼姑，
那就會有太多不應該當僧侶尼姑的人。

為了想要修習佛學的年輕人，
洗滌他們的世俗思想，
創辦類似大學有其必要。

達蘭薩拉辯經學院*不收西藏女性，
該校的入學政策飽受爭議，目前尚無定案。

* The Institute of Buddhist Dialectics

他們應該改變這項政策，
好讓普通女教徒有研習佛學的機會。
報名就讀達蘭薩拉辯經學院卻未獲准入學的西藏女性，
其中一些目前就讀於蔣揚科林寺*的尼姑庵。
我曾和該校其中一位老師交談，
他也是印度南部洛色林寺院的格西**。
我從這段談話得知，這群女學生極具慧根，
對於佛學研究亦十分熱誠。
我們必須創辦學院，
好讓深具潛質的女性有就讀的機會。
當然，要寺院開放徵收一般信徒並非易事，

但不論是俗人抑或僧侶，
不分男女，人人都應該有研習佛學的機會。
受過良好佛學教育的家長，
可將個人知識與修行傳授子女。
目前達蘭薩拉辯經學院收外國學生，
卻仍舊拒收西藏女教徒。

---

* Jamyang Choling Institute
＊＊為藏傳佛教格魯派僧侶經過長期的修學而獲得的一種宗教學位。

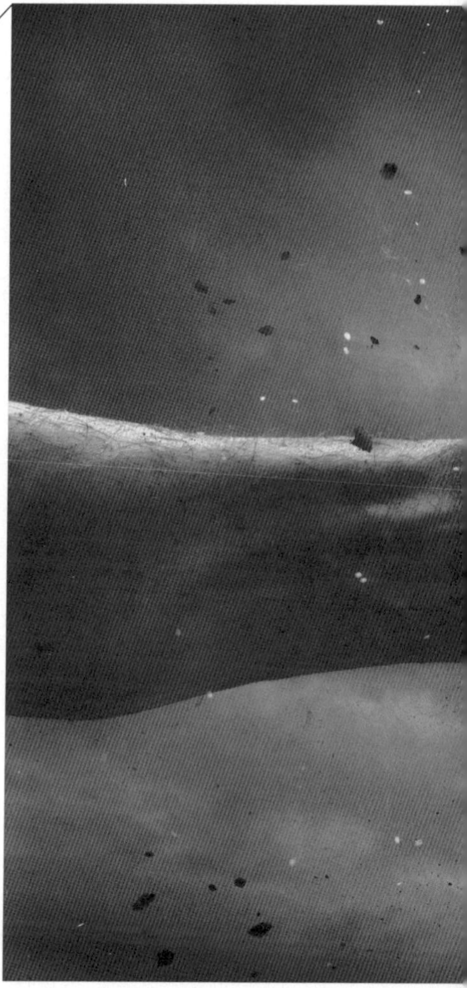

良性競爭的憤怒，
激勵我們達到更高境界

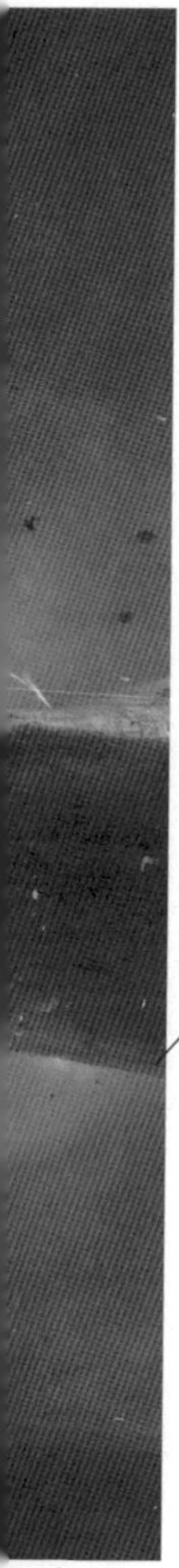

好吧，回到主題。
關於怎麼打造無私利他的社會，
我想先從競爭的意義講起。

激烈的競爭漸漸地成為影響現代社會的一大主因，
導致生活變得相當艱辛。
我們希望把社會變成一個競爭激烈的環境，
這就是一大問題，

不過除此之外還有一個問題，
那就是猛力抨擊「競爭」的人，

往往只強調競爭不好的一面，
但我相信競爭，也可以是一件非常具有價值的好事。

我認為競爭分為兩種。
第一種是磨練增強彼此實力的競爭。
例如：在柔道和劍道等武術裡，
當兩個人比武切磋，他們在乎的不是輸贏，
而是透過交手過程讓彼此增進武藝，
這是一件好事。

但在現代的大型社會，
我們採納西方人（美式）一較勝負的競爭心態，
產生一面倒的局面，贏家全勝，輸家慘輸。
無論人生會變得多淒慘，
輸家都得概括承受，畢竟是他輸了。

今日形成輸贏局面、
將競爭者分成勝負兩方的競爭越來越普及盛行。
這一種競爭會形成「勝利組」和「失敗組」，
贏的人暢快，輸的人惱怒，
幾家歡樂幾家愁。
我將競爭分成良性且具有價值，

以及惡性且沒必要這兩種。
最好的競爭是全力以赴、盡力完成某個目標。
要是看見他人擁有優秀特質，
自己也朝該方向努力，那這種競爭就是良性競爭。

在佛教裡，我們說：
「在佛、法、僧三寶裡皈依。」
某種層面上，我們感受到「三寶」的對立，
我們把佛和僧（僧侶）當成模範，
激勵我們達到更高境界，這一種競爭是良性的，
對於個人發展是必要的。

另外，我們應該避免惡性競爭，
這種競爭畫出一條清楚的分界線，說：
「我是贏家，你是輸家。」
這類競爭中，我們踩著他人往上爬，
等於是為自己樹立敵人。

這類型的競爭越普及，社會問題就會越多。
但想一想，要是良性競爭精神
能讓彼此同心協力進步，扶持對方，
不就每個人都能登高望遠了嗎？

這一種競爭會形成
「勝利組」和「失敗組」，
贏的人暢快，輸的人惱怒，
幾家歡樂幾家愁。

惡性競爭越普及，
社會問題就越多。

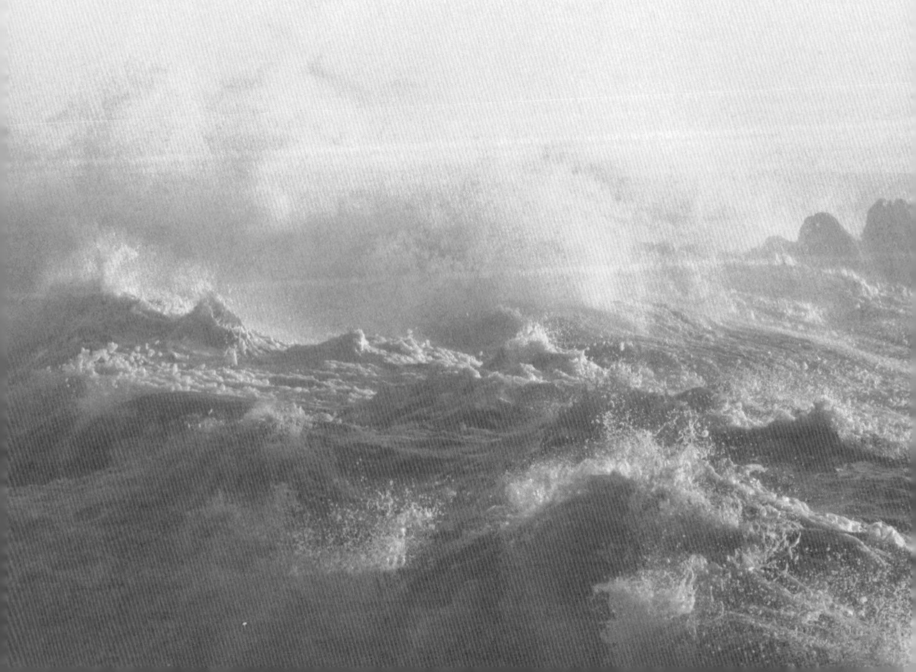

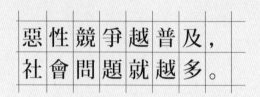

世界各地存在著五花八門的競爭，
去年我發現美國的競爭只分成輸贏兩種結局。
就算今天我贏了，明天也可能輸。
因此殘酷的現實就會使我的心無法獲得平靜。
中國也大同小異。在中國一旦全盤皆輸，你就玩完了。
（說到這，達賴喇嘛比出一個割喉的手勢，然後哈哈大笑。）
日本也可見同樣趨勢。
在日本，之前競爭的用意是激勵鼓舞彼此，
人們信任彼此和社會，
可是現今的競爭卻遵從叢林法則，將人分為勝利組與失敗組，
讓人失信於彼此，無法尊重對方。
惡性競爭，會打造出一個信任不復在的社會。

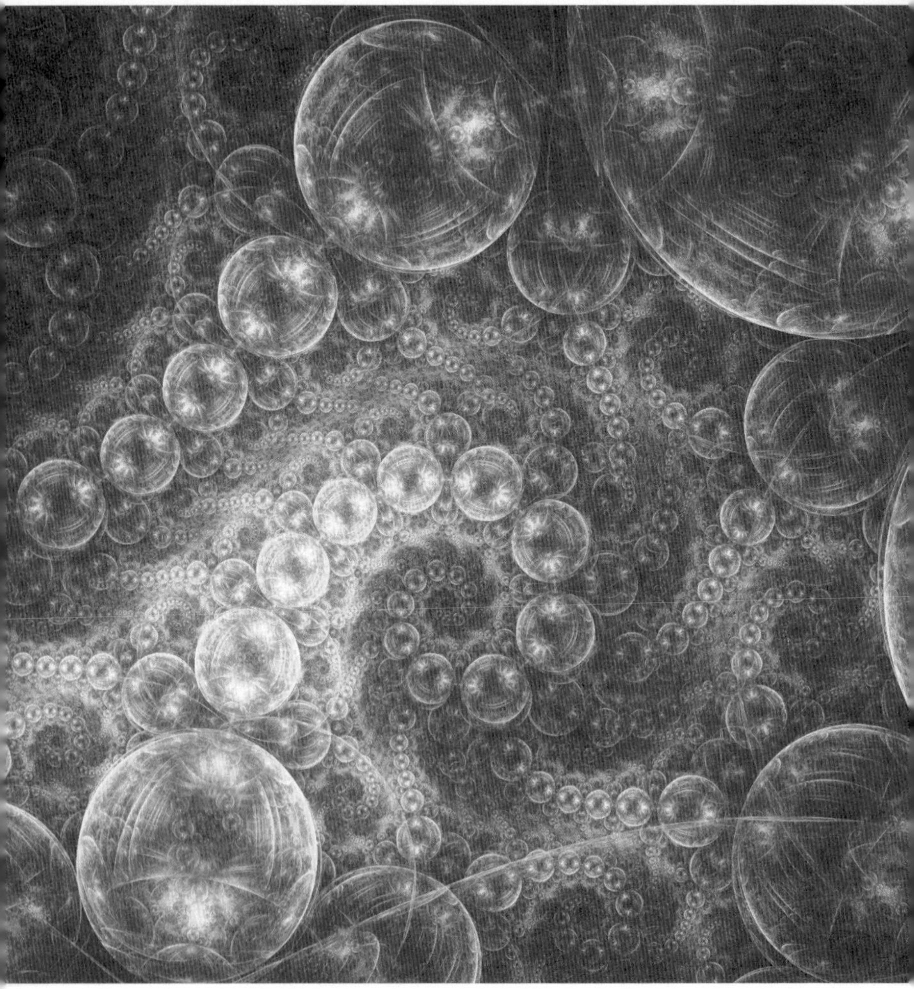

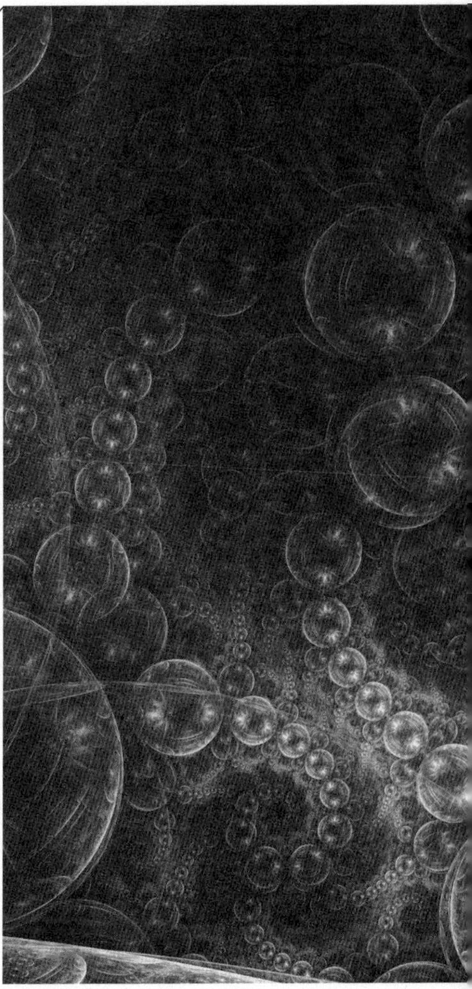

慈悲的精神必須
靠服務社會落實

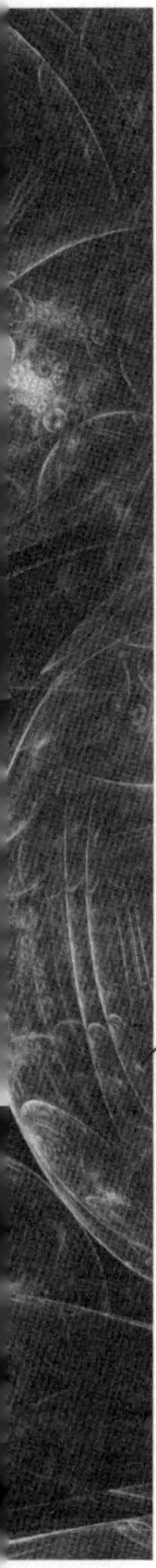

佛教教導將人類苦難當作起點，
現在我們也必須先問，我們目前面臨哪幾種苦難。
要是僧侶只講道，預先準備好一套道理，
卻不在意世人實際經歷的苦難，
那即使他們講的是佛學，詮釋卻是背離佛學。
他們的方法和釋迦牟尼解救世人脫離苦海的初衷背道而馳。

一九六〇年代，我正好有機會參訪泰國數次，
其中一次我和泰國佛教最高統領僧王交談，
我這麼對他說：「咱們的基督教兄弟姊妹為了社會利益，
在教育、醫學、福利方面真誠地奉獻與服務。
傳統來看，我們佛教徒欠缺這一些，

我覺得我們應該向基督教的兄弟姊妹看齊，
學習這種服務精神。」

但僧王卻對我說：
「不，佛教僧侶應該保持出世，遠離凡塵。」
此話不假。

佛教戒律確實說了，僧侶應該與世隔絕，
然而這不代表我們不應該涉足社會公益。

佛教戒律說，
僧侶應該遠離塵世，不與世俗之人往來，
遵從僧侶戒規，過著純淨樸實生活，
但這不表示僧侶不可參與社會服務，
包括社會工作、福利或教育。

慈悲的精神必須靠服務社會落實

佛陀本人就是個好例子。

有天他發現一個病懨懨的僧侶，因無人照料渾身骯髒。
於是佛陀便帶來清水，親自為他澆淋，
並命弟子阿難清洗該病僧的身體。
佛陀不只講道，也付諸行動。
這是很實際的社會服務。
就像耶穌基督，
身為佛陀信徒，
我們必須具有相同的扶弱濟貧精神，
為現代教育付出心力。
泰國僧侶傳統中，

僧侶可以按照佛教戒律經文生活，
遠離塵囂俗世，
但他們也應該學習佛陀的慈善行為。
信仰生活的這兩大層面應該融會貫通，
佛教僧侶和尼姑應該遠離凡塵的規定，
也絕非禁止他們從事任何一種社會工作。

我近來聽說，雖然泰國的小乘佛教傳統力求度己，
但有一小批勢力逐漸壯大的僧侶，
正努力參與社會活動。
一九七〇年代起，有些泰國僧侶開始參與社會活動，

他們是所謂的「發展比丘」*，
參與活動包括為愛滋病患建蓋臨終安養院、
發展互惠的援助計畫、協助清寒人士。
我還聽說有僧侶參與環境保護運動，
但對此我瞭解不深。

無論如何，
基督教的兄弟姊妹都比我們熱心參與社會服務。
佛教教育的根基是實踐悲憫心，也就是慈悲為懷。
慈悲，必須以社會服務的形式落實，
這點非常關鍵。
根據佛教說法，創造萬物的不是上帝，

我們才是創造世界的人。
佛教教學傳遞的第一個重點，
就是強化個人的主觀意識。
生氣屬於非常主觀的行為，
良性的憤怒代表著我們總算睜開雙眼
直視世間的苦難折磨，
看見社會的不公不義。

* Development Monks

佛教教育的根基是
實踐慈悲為懷的精神。
慈悲必須以社會服務的
形式落實，
這點非常關鍵。

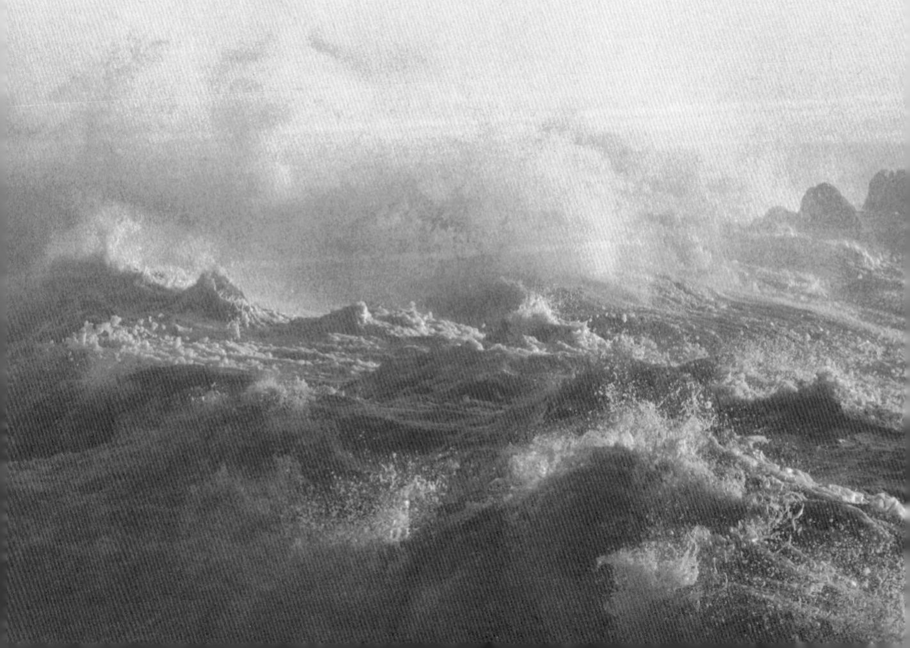

皈依佛陀不代表將一切交託佛陀，
而是一種與佛較勁的正面精神，
清楚表明我們成佛的決心。
這喚醒了我休眠的內在力量，
於是我擁有自尊、慈悲和善心，自我修行，濟世助人。
有時我也會有慈悲的憤怒，
我會拋開必須拋棄的我執，
但我也會牢牢捉住菩薩解救眾生的堅定執著。

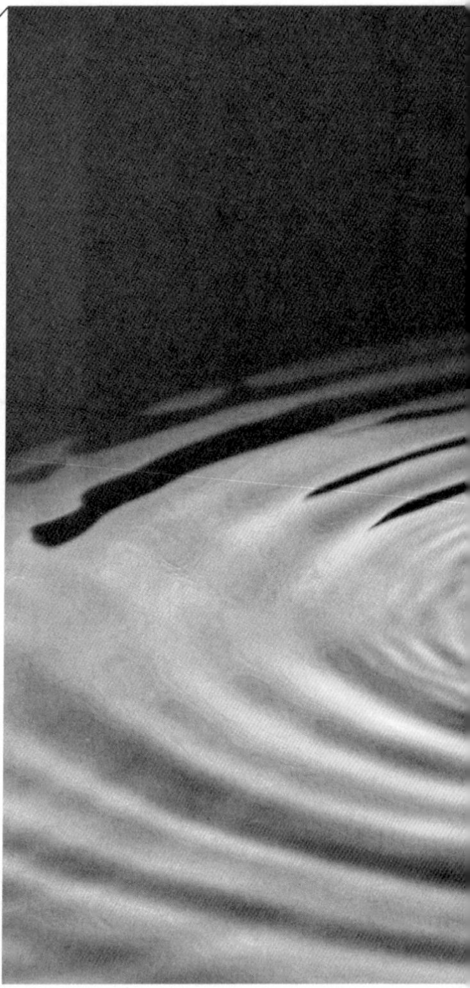

想脫離苦海，
必先親身體驗

我要強調中道的重要性。
在佛教裡，中道是十分重要的概念，
但中道的意思不單指維持中庸之道、避免兩極極端。

佛陀出身王公貴族，
一生在皇宮裡享盡榮華富貴，
後來他退隱，過著遠離凡間與文明的苦行僧生活，
他不吃不喝，嚴守禁慾，差點因此離世。
即便過著苦行僧的日子，他還是沒有證悟，
因此他步出森林，療癒身心後，
開始靜坐冥想，最終全然覺悟。

想脫離苦海，必先親身體驗

中道的意思是避免喜樂悲痛的兩極，
卻不表示我們打從一開始就要維持中庸。
有時，我們會親自探訪人們受苦受難的場所，
並親身體驗他們經歷的苦痛。
其他時候，我們離群索居，隱沒寺院之中。

在佛教裡，中道的真實意思是在兩極之間遊走，
體會兩者的滋味。
有時僧侶和佛教徒不處理實際的問題，
是因為他們錯以為中道指的是舒舒服服待在中間，
避開兩極極端，什麼都不去做。

苦難，應要能激起我們的憤慨情緒。
這一種怒氣能讓我們朝悲憤的慈悲前進，
進而採取行動，終結苦厄。

群眾常為了世界和平的議題集結，
但我們之所以覺得世界和平重要，
是因為佛陀這麼教我們的？
還是我們深信採取行動不能等，
幫助深陷困境的世界是一件要緊的事？

只因為佛陀說和平很重要而渴望和平是不夠的。
無論我們本身見識過多少暴力的恐怖場面，
除非，我們真正相信和平有其必要，
否則光是四處傳道，傳遞佛陀的訊息，
告訴世人和平很重要，也毫無意義。
光是待在寺院裡打坐冥想是不夠的，
我們必須走到世間，正面迎擊暴力。
將中道解釋成對現實的漠然，
不願瞭解其他極端狀況，可謂愚昧。
佛陀說世界需要和平，
我們可能自然而然會想問，為何他覺得和平很重要。
為什麼？

我們知道暴力招致苦難。
由於我們相信，脫離苦難前，勢必先終止暴力，
因此我們爭取和平。
我們需要學習佛陀的道理，
也需要透過個人的實際經驗獲得這份體認。
從佛陀的人生故事來看，
他本身清晰傳達了中道的箇中含義。

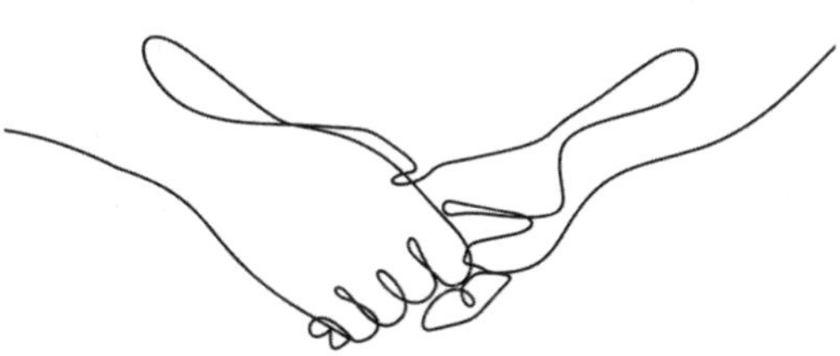

光是四處傳道，
傳遞佛陀的訊息，
告訴世人和平很重要，
也毫無意義可言。
我們必須走到世間，
正面迎擊暴力。

佛陀以個人經驗傳承道理。
一開始佛陀只是家境富裕的年輕王子，
集三千寵愛於一身，不識人間疾苦，
不知人出生後，變老、生病、死亡都是必經之路。

含著金湯匙長大的佛陀，
根本無法想像自己經歷老病死；
然而當他步出皇宮，目睹鎮民的生活，
他看見有人生病，有人蒼老，有人死去，
這是他頭一遭親身體認到現實。
親眼看見人們經歷生老病死的折磨時，
他震驚不已，而他心知肚明，

自己遲早也會走到這一步。
這時，他首次認識到人類苦難的現實。
他遠離榮華富貴的生活，
拋棄王子身分，出世隱遁，
獨自接受信仰的淬煉，整整六年過著苦行生活。

這段期間，他時常不吃不喝，
但他終究體會到，光是不吃不喝，
皮肉受苦是不夠的。

佛陀的道理
全來自他的個人經驗。

佛陀發現他得運用智力，
於是他不再不吃不喝，開始進食。
他運用智力培養智慧，總算第一次證悟。
佛陀的道理全來自他的個人經驗。

首先，我們必須認識苦難折磨，
即使不主動親自嘗試，
我們遲早也會體會到痛苦，並希望脫離苦海。
而想要脫離苦海，我們必須瞭解，
身體力行當個苦行僧是不夠的，
運用人類智力，培養智慧才是絕對不可或缺的。

佛陀本身以個人經驗傳承，
我們也必須從個人苦難經驗開始。
其他宗教領袖所見略同，都說過類似的話。

例如：耶穌基督走過形形色色的難關，
吃盡苦頭，最後被釘在十字架上。

不過我認為，在探討苦難這方面，
佛教道理更精準確實且人性化。

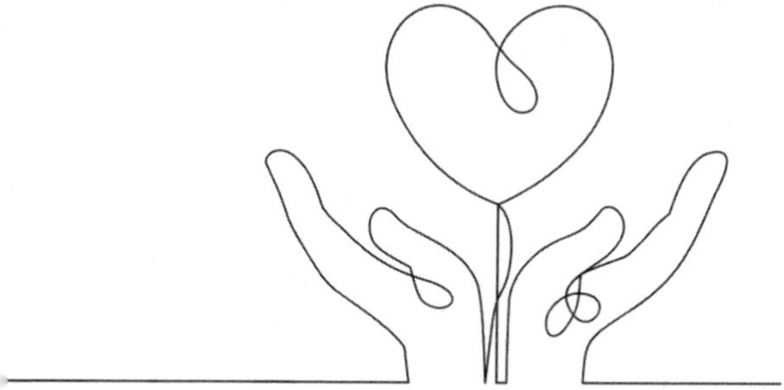

# 培養慈悲為懷的心胸

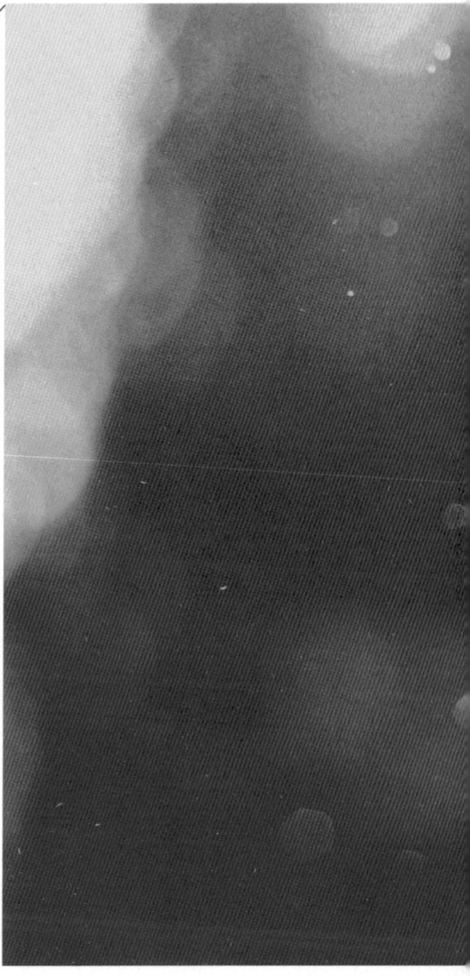

現在我們要回到正題，
討論如何在現今世界打造出利他社會。
我們可以生氣嗎？
生氣不是很不佛教徒的行為？

我們先來探討日本社會。
日本領導人和一般社會大眾都受過良好教育，
物質不虞匱乏，這種情況下，
人們自然而然不會太重視深遠的人類價值。
學校有教育年輕人的責任，校方卻不致力培養人類價值。
從幼稚園一路到大學，培養智力是最要緊的事，
教育制度從不傳遞更深遠的價值。

深耕培育這些價值觀應該是宗教的責任，
但現代宗教只熱衷於功德金，變得膚淺且表面。

佛陀教導我們慈悲的重要性，
但即便是研讀佛教道理的僧侶，
也往往不認真看待自己的行為舉止，
他們只停留在知的層面，知而不行。

我深感現代教育制度恐怕無法提供深廣有力的慈悲教育。
現在就是我們改變整體制度的時候，
社會是透過教育制度形成，但講到慈悲和善心，
教育制度並未傳遞這些更有深度的人類價值。

貪財圖利的社會蠻橫殘暴，
有權有勢的人
可以欺凌他人，
殘酷待人……

於是社會上下都抱持著不實觀念，
人們過著膚淺的生活，
導致我們像機器一般，連愛心都割捨。
我們成了這種社會的一分子，
好比一台機器般運作著。

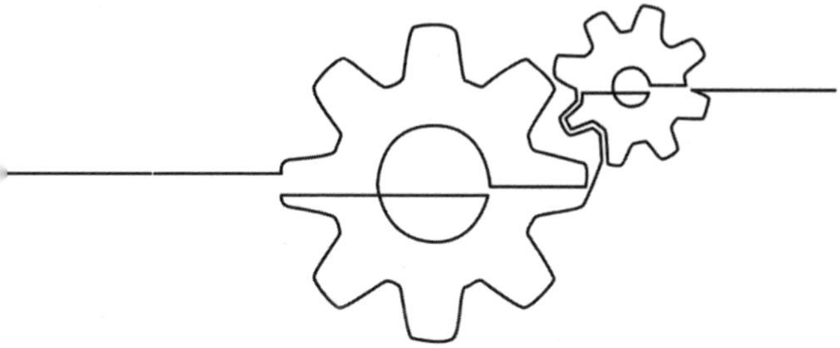

……這種情況
只會產生越來越劇烈的
社會動盪。

這是因為現代社會是一個見錢眼開的世界，
貪財圖利的社會蠻橫殘暴，
有權有勢的人可以欺凌他人、殘酷待人；
這種情況只會產生越來越劇烈的社會動盪，
凡事都講錢的社會反映出社會信念等問題。

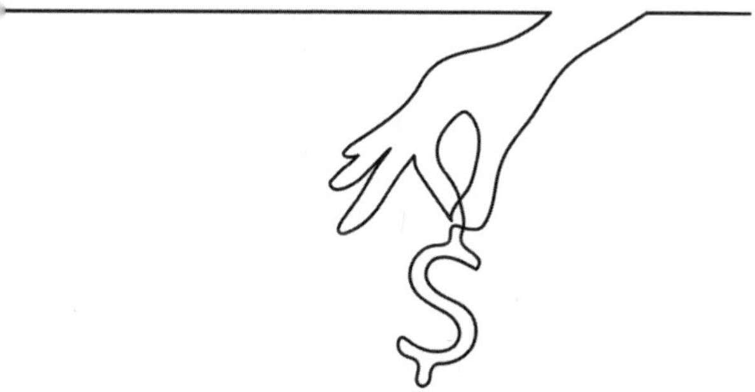

事實上，愛心和慈悲跟金錢並無直接關聯，
兩者都無法帶來財富。
因此在有錢才是王道的社會，
人們已不再認真看待這些人類價值。

政治家等具有領導身分的人從愛錢的社會崛起，
自然也抱持相同觀念，
並帶領社會繼續往這個方向前進。
這種社會裡，重視愛心與慈悲的人會被當作笨蛋，
見錢眼開的人則越來越氣傲心高。

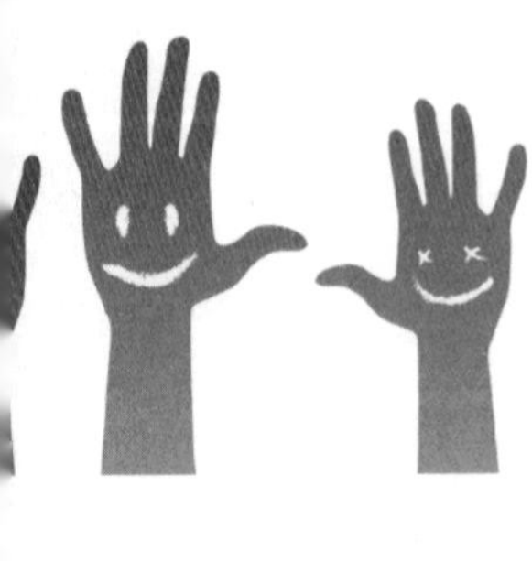

為了遭受不公待遇的人動怒，
代表我們有慈悲的憤怒。
這股怒氣會帶我們採取正當行動，改變社會。
但是衝著當權者生氣無法改變什麼，
只會製造更多嗔怒、更多的對抗鬥爭。

# 如何面對社會的不公不義？

在一個充滿愛心與善心的社會，
儘管物質匱乏，人民仍可能快樂。
例如，即使很多斯里蘭卡的村莊家徒四壁，
村民卻懂得互助，不吝分享自己擁有的物資。

我看過太多類似的例子，
即便生活窮苦，人們依舊幸福快樂。
反觀富人滿坑滿谷的加州矽谷，
儘管人們過著豐衣足食的生活，
卻似乎無法真心快樂起來，
而且有很多人深受壓力焦慮之苦。
即使當下可能很有錢，他們卻不禁擔心明天，

害怕自己破產或窮途末路，
另外還得面對時間不夠用的壓力和沮喪。
這是現實帶來錯綜複雜的問題。
物質富庶並不一定會帶來真實的幸福，
但換個角度來看，
即使貧窮也能快樂是一件好事，
窮國卻有許多嚴重的社會問題。
以宏觀角度來講，我們必須縮減貧富差距。
虔誠的佛教徒在自己的團體間似乎如魚得水，
然而一旦跨入遼闊的世界，這個差距卻越來越擴大。

為了那些
遭受不公待遇的人動怒，
代表我們有慈悲的憤怒

擁有愛心與善心、不被物質欲望沖昏頭的人，
生活越來越拮据辛苦，
而不顧後果追求私利、焦頭爛額的人卻越來越富有。
我們該如何看待這種情況？

我接著要說的話並無嚴肅的研究撐腰，
只是我個人有感而發。
回顧一下歷史。在我粗淺的印象中，
一千年前左右，歐洲國家的人民過著艱辛難熬的日子。
非洲、印度、中國和亞洲其他地區等
氣候溫暖的國家全年不缺新鮮蔬果。
歐洲的北方國家冬季下雪，

衝著當權者生氣
無法改變什麼，
只會製造更多嗔怒。

於是只能在夏季耕植作物，生活格外艱辛。
古時候的北國可能比較好過，
但隨著人口逐漸擴張，
英格蘭等土地狹小的國家，
生存條件日漸嚴峻，
於是他們必須想方設法從其他土地獲取糧食。
以英格蘭為例，身為一個小島國家，
英格蘭必須以船運送他國的糧食，
而為了獲得這些國家的資源，他們需要武器。

溫暖的亞洲國家人口相對較少，
由於氣候使然，糧食全年不匱乏，
因此不需要從他國奪取資源。
出於殘酷惡劣的氣候條件，歐洲人被迫發明科技，
他們要利用工業化和科技才得以存活。
葡萄牙、西班牙、英格蘭、法國、比利時等國都成為殖民強權。
而這些小國工業化後，
開始從其他國土攫取原物料，
之後再將這些物料製成商品，販售給這些國家。
亞洲國家長達一段時間都不用擔心糧食問題，
因此過著風平浪靜的日子。

但後來帝國主義者侵略，亞洲國家活在帝國統治下，
國家發展面臨重重障礙。

最後，部分亞洲人口開始接受西式教育，
採納西方思維，進口西方科技，
最後與西方國家展開貿易。
亞洲國家的商業都是在當地發展，
然而歐洲殖民主義卻讓商業發展擴大至國際階級。
在亞洲國家，有一部分的人採納西式作風而致富，
仍遵循古老風格的人則繼續過著貧困的生活。

以全球層面來看，工業化國家的生活水準攀升的程度，
遠遠超過遭受剝削的國度，這些國家的經濟勢力也愈發強悍。
遭受剝削的國家裡，少數有福氣過著西方生活的人變得富裕，
生活型態千年不變的農夫及村民，則繼續過著一貧如洗的日子。

剝削是一個很有意思的用詞，
我剛才描述的都屬於物質剝削。
但我本身也是一個剝削者。
我是高僧，是位高權重的喇嘛，
除非我懂得自我克制，否則很容易剝削他人。

我首度探訪蒙古時，
他們安排我參觀數間機構和一間博物館。
在博物館內，我看見一幅畫作，
畫裡的喇嘛有張血盆大口，生吞活剝眾生。

當年是一九七九年，蒙古依舊是共產國家。
共產黨員說宗教是一種毒品，
而每一個宗教機構都是剝削者，
就連僧侶都是剝削者，
甚至貢獻給僧團的功德金都被視為一種剝削。
當我走到這幅畫面前，
官員稍微面露緊張難色，

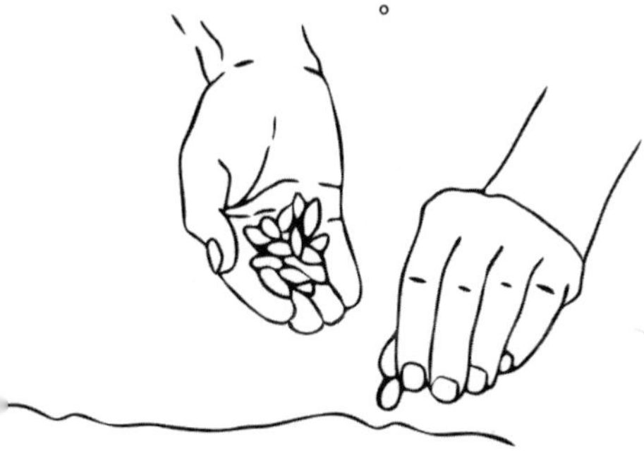

我刻意凝視這幅畫，說：
「太貼切了。」
當然我是真的有所同感，
我不僅是社會主義者，更是左翼分子、共產黨員。
以社會經濟理論的角度來說，
我是馬克思主義者，我甚至比中國領導者還左派，
（這時他爆笑出聲）
因為他們是資本主義者啊。
（繼續大笑）

我們該如何面對
不公平和社會不公義？
生氣
不是很不佛教徒的行為嗎？

剝削的概念又帶我們繞回討論的原點，
我們最初的問題是：
「真實世界裡存在著剝削、
存在著不公平且懸殊的貧富差距。
問題是從佛教觀點出發，
我們該如何面對不公平與社會不公義？
這種情況下，忿忿不平和生氣
不是一件很不佛教徒的行為嗎？」

我可以生氣，
但這股憤怒
叫作慈悲。

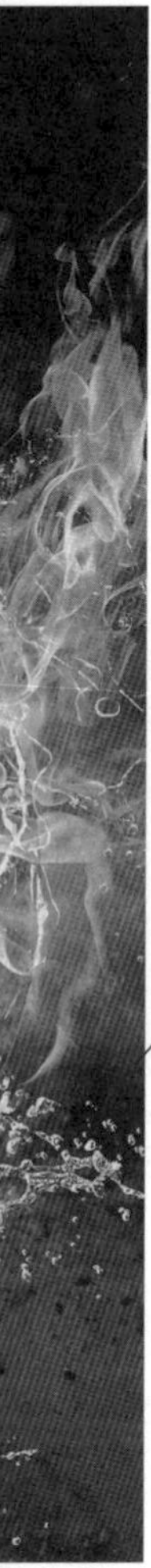

這股憤怒叫作
慈悲

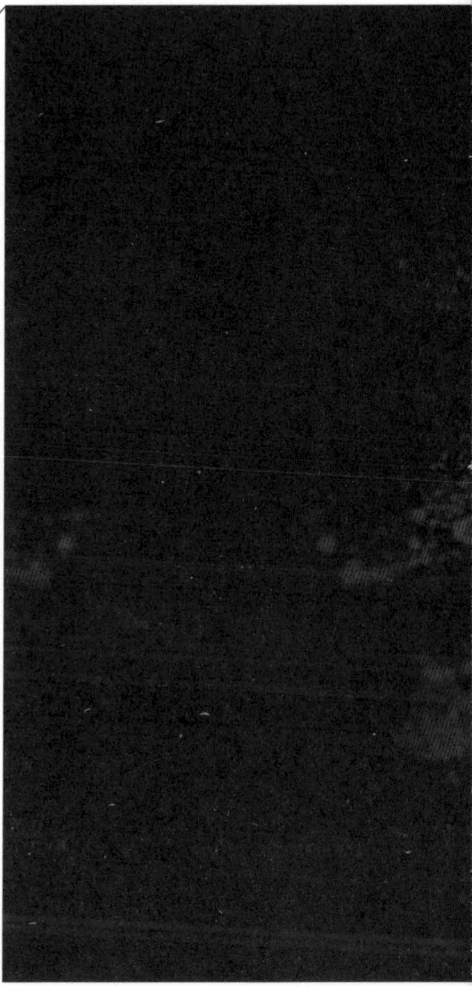

最近我有一群聽眾，
他們是剛從中國抵達達蘭薩拉*的難民。

這群人冒著生命危險，
攀山越嶺穿過喜馬拉雅山脈，
不畏懼天寒地凍、高山症或遭受槍擊的危險，
不少挺過這段路的人，
最後都不得不因為凍瘡而截去手指或腳趾。
有些人一抵達後就體力不支病倒。
起先他們到尼泊爾的難民接待中心接受治療，
恢復體力後再成群結隊，一行幾十人前往達蘭薩拉，

而我也是在那裡遇到他們的。
對於方才抵達的難民來說，這是難以言喻的一刻。
他們激動顫抖，但這股興奮背後卻隱藏著深刻的悲傷，
畢竟要是原本日子過得好好的，
誰願意流亡海外？

* dharamśālā，意為法處、法所，是位於印度北部喜馬偕爾邦坎格拉縣的一座城鎮。

他們的家人都遭到殺害折磨，
他們本身則面臨貧苦絕境，
流亡是他們撐下去的一線希望，
於是他們不得不冒著生命危險，跨越國界。
我也是流亡者，
因此我懂他們的悲傷，
我懂他們承受的痛苦折磨，
我感受得到他們的沉痛悲慟，
以及他們所遭遇的荒唐與殘酷。

我體會到人世間的悲傷、
折難、荒唐、殘酷。
他人承受的痛苦與哀嚎，
我亦能悲天憫人，
我和他們一樣憤怒，
一樣憤慨。

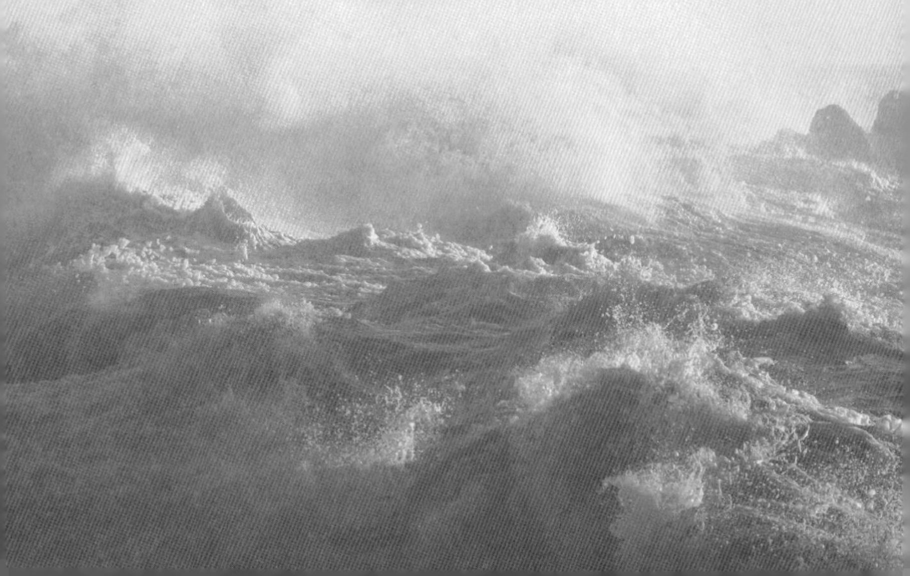

然而現在我卻能坐在這裡開懷大笑，
想說什麼就說什麼。

我不想說，
是因為我有一個可以任我打開關閉的情緒開關。
那場會面和當下這一刻是有聯繫的，
我體會到人世間的悲傷、折難、荒唐、殘酷。
他人承受的痛苦與哀嚎，
我亦能悲天憫人，
我和他們一樣憤怒、一樣憤慨。

那股憤怒是驅動我的力量，
激勵我找到世界
苦痛的種子，
在自己的宗教裡
更盡一份心力，
正面迎戰苦難，
帶領眾生覺悟。

但在當下，
那股憤怒正是驅動我的力量，
激勵我尋找世間苦難的種子，
並在自己的宗教裡更盡一份心力，
正面迎戰苦難，帶領眾生覺悟。

我在不剝削自我或其他難民，
亦不尋求暴力手段的情況下率領眾生，
打造一個能為全人類帶來自由與幸福的社會。
所以我可以生氣。但這股憤怒叫作慈悲，
體會到痛苦與哀愁能讓人覺悟，

深層渴望度化與超脫。
對於解脫的深層渴望由此浮現。
而脫離苦海、無限自由，
就是佛教的意義。
這也是佛陀本人選擇的道路。

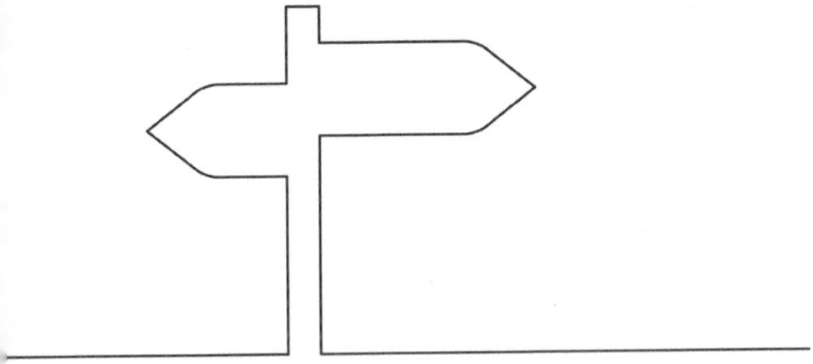

HEART
心|視野 心視野系列 058

# 達賴喇嘛：這些事，你應該生氣
Be Angry

作　　者 第十四世達賴喇嘛、上田紀行
譯　　者 張家綺
總 編 輯 何玉美
主　　編 林俊安
責任編輯 鄒人郁
封面設計 劉昱均
內文排版 FE 設計
圖片來源 Shutterstock

出版發行 采實文化事業股份有限公司
行銷企劃 陳佩宜・黃于庭・馮羿勳・蔡雨庭
業務發行 張世明・林踏欣・林坤蓉・王貞玉
國際版權 王俐雯・林冠妤
印務採購 曾玉霞
會計行政 王雅蕙・李韶婉
法律顧問 第一國際法律事務所　余淑杏律師
電子信箱 acme@acmebook.com.tw
采實官網 www.acmebook.com.tw
采實臉書 www.facebook.com/acmebook01

I S B N 978-986-507-060-1
定　　價 320 元
初版一刷 2019 年 12 月
劃撥帳號 50148859
劃撥戶名 采實文化事業股份有限公司
104 台北市中山區南京東路二段 95 號 9 樓
電話：02-2511-9798
傳真：02-2571-3298

國家圖書館出版品預行編目資料

達賴喇嘛：這些事，你應該生氣 / 第十四世達賴喇嘛・上田紀行著 – 台北市：采實文化，2019.12
176 面； 13.5*21 公分 . --（心視野系列；58）
ISBN 978-986-507-060-1（平裝）
1. 藏傳佛教 2. 佛教修持 3. 憤怒
226.965　　108017136

HEART
心|視野

HEART

心|視野

HEART
心|視野

HEART
心|視野